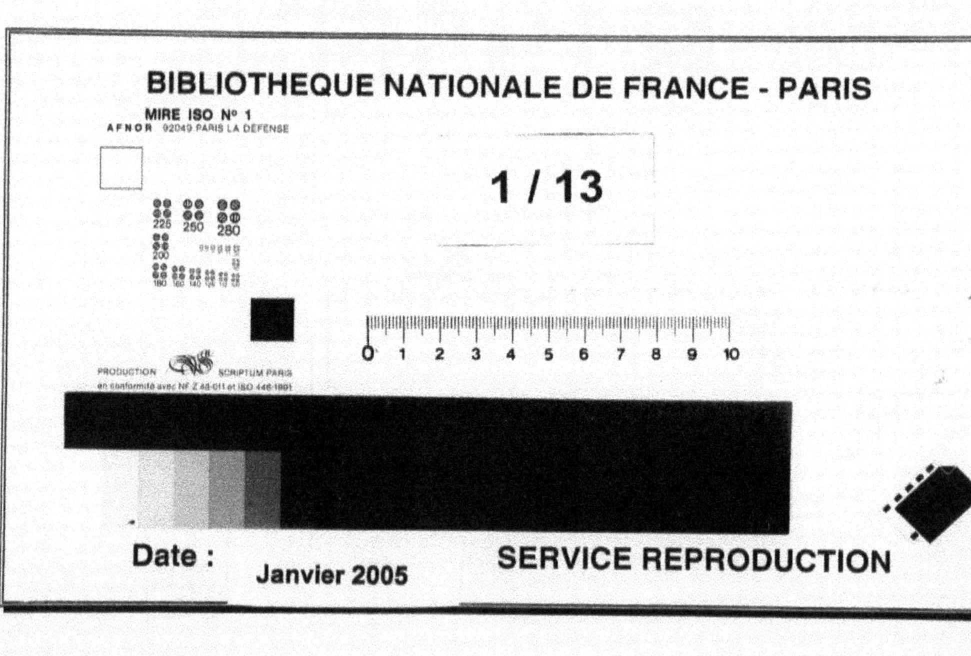

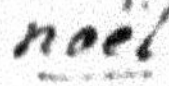

VOYAGE

PITTORESQUE ET MILITAIRE

EN FRANCE ET EN ALLEMAGNE.

AVERTISSEMENT.

Voulant de suite faire connoître le but de cet ouvrage, je vais passer aux motifs qui me le firent entreprendre ; l'engagement que je pris avec mon père de lui rappeler l'emploi de six années passées dans la carrière des armes, a contribué pour beaucoup à la confection de ce voyage, que j'ai intitulé *Pittoresque et Militaire*, par la facilité que j'ai eu de varier mes tableaux en copiant la nature sous toutes les formes où le hasard me l'a présenté.

Ayant suivi constamment le premier régiment d'artillerie de la marine, dont je faisois partie pendant les campagnes de 1812, 1813 et 1814, je joindrai aux différentes vues qui composent ce Recueil une petite notice, ou texte explicatif, qui donnera un aperçu exact des remarques que j'aurai faites sur les beaux sites et les faits militaires qui, tous, ont été dessinés d'après nature.

Cet *album* sera donc composé de dessins originaux, et divisé en deux parties, dont la première contiendra trente-deux vues pittoresques de mes voyages en France, et la seconde un même nombre, de tous les lieux remarquables et importans par leurs souvenirs où j'ai suivi le premier régiment d'artillerie de la marine.

Lithog. de C. de Last.

Blocus de Phalsbourg.

BLOCUS DE PHALSBOURG.

Cette ville, située au pied des Vosges, entre la Lorraine et l'Alsace, est, malgré son peu d'étendue et les hauteurs qui la dominent, une place assez importante par sa communication avec le département du Bas-Rhin, et d'une position assez avantageuse. Ses fortifications, exécutées sous Louis XIV, en 1679, d'après les plans de Vauban, offrent un hexagone ovale et régulier.

Cette place, qui n'avoit que douze à quinze cents hommes et quatre pièces de campagne, lorsqu'elle fut cernée, au mois de janvier 1814, par les troupes coalisées, fut fortifiée en cinq jours, par le zèle des habitans et l'activité de la garnison, de quarante-cinq pièces d'artillerie, et soutint un blocus de quatre mois; pendant ce temps, les citernes remplacèrent les eaux que fournissoit une fontaine dont les conduits avoient été coupés par l'ennemi, et les chevaux enfermés dans les murs de la ville devinrent bientôt la nourriture des troupes et des habitans.

Cette vue est prise aux lignes extérieures, pendant une sortie que fit la garnison en repoussant une attaque de nuit. On aperçoit une batterie ennemie cherchant à incendier la ville du côté de la porte d'Allemagne. Le feu se manifeste déjà dans la place, où un obus vient de tomber.

Lithog. de C. de Last

Incendie de la porte de Phalsbourg

INCENDIE DE LA POSTE DE PHALSBOURG.

Les fortifications d'une place ne pouvant souffrir sans danger, sur ses lignes, aucun édifice, la poste aux chevaux de Phalsbourg, située à quelques pas des glacis, du côté de la porte de France, fut un des premiers bâtimens incendiés. L'ennemi s'en étant déjà emparé, la garnison y mit le feu dans une sortie qu'elle fit pour chasser les assiégeans de ce lieu, d'autant plus important qu'il dominoit les remparts de la ville.

Cette vue est prise au moment où un coup de canon, tiré de l'avancée de la porte de France, avertit une compagnie de voltigeurs, chargée d'incendier l'édifice, de rentrer en ville. Plusieurs sont déjà rassemblés sur les glacis, et vont rentrer dans les fortifications.

Chateau de Luxebourg

CHATEAU DE LUTZELBOURG.

Bati sur des rochers élevés, qui font partie des Vosges, et dominent le village de Lutzelbourg, vulgairement appelé Luxbourg par les habitans, à une demi-lieue de Phalsbourg, ce château n'offre plus que deux tours carrées et parallèles, que l'on aperçoit de loin; on n'y peut parvenir que par un côté de la montagne, qui paroît avoir été défendu par des murailles épaisses, dont on retrouve les débris. Dans l'enceinte spacieuse de ce lieu, marquée par d'énormes pierres, sont les ruines d'une ancienne chapelle, qui semble avoir été rajoutée depuis à la construction gigantesque des deux tours. La seule entrée qui existe à l'une d'elles a été causée par une dégradation du temps. Les murs ont huit à neuf pieds d'épaisseur, et n'ont d'ouverture qu'à la moitié de leur hauteur, où l'on trouve quelques indications de créneaux. Une avance en pierre, au-dessus d'une des ouvertures, fait présumer que l'on ne pouvoit entrer dans l'intérieur que par une machine que l'on montoit.

Le village de Lutzelbourg, au pied des montagnes qui l'entourent, offre une prairie charmante, arrosée par une petite rivière, dont les eaux sont excellentes, et sur les bords de laquelle il existe des bains renommés.

Æ. — Lithog. de C. de Last.

Défilé de Saverne.

DÉFILÉ DE SAVERNE.

Ce passage, au couchant de la ville de Saverne, d'où il prend son nom, fait partie des Vosges, et sert de communication avec Strasbourg ; la route de Saverne à Phalsbourg n'a que deux lieues d'étendue, à travers une montagne assez roide et couverte de bois : le sommet est couronné des restes d'un ancien château ; et, de cet endroit, on découvre toute l'Alsace, dont les limites se perdent dans un horizon que l'œil n'atteint qu'avec peine.

Cette vue, dessinée à moitié chemin de la montée, laisse voir le commencement des Vosges, et donne une idée du défilé au pied duquel on distingue Saverne, où les évêques de Strasbourg avoient autrefois une belle maison de plaisance, actuellement en ruines.

AN. Lithog. de C. de Last

Ruines aux bords du Rhin

VUE DES BORDS DU RHIN.

Les différentes guerres, dont le Rhin fut témoin, firent élever sur ses bords un grand nombre d'édifices, qui devinrent inutiles par la suite des temps, et furent abandonnés. En suivant le cours de ce fleuve, on rencontre souvent des ruines de ces anciens forts, semblables à celles qu'offre cette vue. Le voyageur en est d'autant plus frappé que les plus belles contrées servent de cadre à ces images de l'oubli et de la destruction.

Lithog. de Lasteyrie

2.me Vue du Rhin.

DEUXIÈME VUE DU RHIN.

Le Rhin, au-dessus de Mayence, à l'endroit où cette vue est prise, n'offre plus les riches paysages de *Manheim* ou de *Dusseldorf*. A voir ce sol agreste et sauvage, et ces rochers couronnés de sapins, qui enferment ses eaux calmes et tranquilles, on se croiroit dans un pays inhabité, si quelques embarcations ne venoient de temps en temps animer ce beau désert.

Lithog. de C. de Last

Vue de Landau

VUE DE LANDAU.

La ville de *Landau* est regardée, à juste titre, comme la seconde place de l'Alsace : située sur la petite rivière de *Queich*, à quatre lieues du Rhin, et à deux des montagnes de la Lorraine allemande, cette place est de la première force, et présente un octogone allongé, composé de huit tours bastionnées et de huit courtines qui les joignent, et défendu par un bon fort, de grandes flaques presque impraticables, et par une grande quantité de fortifications, ouvrage de Vauban.

Un mot de Louis XIV peut donner une idée de ces immenses travaux, et de ce qu'ils ont coûté. A son entrée dans cette ville, il gratta avec son épée les chaînes du pont-levis, et comme on en paroissoit étonné : *Je croyois*, dit-il, *qu'elles étoient d'or; tant on a dépensé pour cette ville.*

Landau soutint, en 1813, un blocus de quatre mois : ce fut dans l'instant que les troupes françaises alloient s'y enfermer que je pris cette vue de la première redoute du côté de la Porte d'Allemagne.

Lithog. de C. de Last

Hermitage de la bonne fontaine

ERMITAGE DE LA BONNE FONTAINE.

La chapelle de la *Bonne-Fontaine*, appelée ainsi de la source bienfaisante qu'on trouve en cet endroit, est située à une petite lieue de Phalsbourg, entre Saverne et le fort de la Petite-Pierre, dans un vallon étroit, que forment plusieurs gorges des Vosges. Une petite colonne, entre deux escaliers parallèles, en face de l'ermitage, laisse jaillir cette source, qui se perd presque en naissant à travers une prairie charmante. La maison des anciens ermites de la *Bonne-Fontaine* est maintenant habitée par un aubergiste, qui est le gardien de la chapelle, et la tient constamment ouverte aux pèlerinages qu'on y fait de plusieurs lieues à la ronde.

R.　　　　Lithog. de C. de Last.

Vue du Chateau S.t Laurent à Mont-fort-lamaury

VUE DU CHATEAU DE SAINT-LAURENT

A MONTFORT-L'AMAURY (SEINE-ET-OISE).

Les restes de cette ancienne dépendance seigneuriale, que l'œil aperçoit de loin, sont situés sur le haut d'une colline, et dominent la ville de Montfort-l'Amaury, plus connue par le comte Simon de Montfort, qui conquit Toulouse, avec une partie du Languedoc, vers l'an 1200. Le plan de ce château est de forme circulaire : une tour hexagone, à laquelle restent encore attachés quelques fragmens d'une porte principale, en laisse apercevoir l'entrée : plusieurs pans de muraille, d'une construction solide, indiquent l'enceinte, qui paroît s'arrêter à une autre aile de pavillon, dont les décombres seuls font présumer la place.

J'ai fait le croquis de ces ruines, assis sur une pierre, où j'ai cru reconnoître différentes traces d'armoiries.

N. Lithog. de C. de Last.

Costume de Paysan aux environs de Mayence

COSTUME DES PAYSANS

DES ENVIRONS DE MAYENNE ET D'ALENÇON.

Cette vue donne une idée du costume bizarre de quelques habitans de cette contrée. La peau de bouc dont ils se couvrent, avec leurs longs cheveux qui dépassent leurs bonnets de laine, les font ressembler un peu aux animaux dont ils portent la toison. Cet habillement est principalement celui des habitans de la campagne.

Le fond du paysage laisse apercevoir la petite ville de Prez-en-Pail, située à cinq lieues au couchant d'Alençon.

Vue des Rives de la Mayenne

Lithog. de C. de Last

RIVES DE LA MAYENNE.

La Mayenne, rivière qui arrose le département auquel elle a donné son nom, en traversant les villes de Mayenne, Laval, Entrames, Château-Gontier, offre, sur ses bords, des vues plus ou moins variées, qui fixent l'attention du voyageur, et l'invitent à se reposer. Ce site, que je trouvai quelques distances avant que d'arriver à Mayenne, me parut assez pittoresque pour y faire une légère halte; les masses imposantes des plans qui se trouvoient dans l'espace que mes yeux avoient à parcourir, la richesse des tons, et la belle distribution de lumière qui régnoit alors dans ce paysage, me déterminèrent à en augmenter ce Recueil.

Carrière d'Ardoises

CARRIÈRE D'ARDOISE.

Comme tout ce qui étoit nouveau pour moi excitoit ma curiosité, je joins ici la vue d'une carrière d'ardoise que je trouvai entre Mayenne et Alençon, et dans laquelle je descendis; j'y remarquai un si bel ensemble de masses que je voulus en conserver le souvenir; la manière hardie et gigantesque de son exploitation ajoutoit à l'effet de son aspect.

Je remarquai, dans cette carrière, quelques coquilles pétrifiées, telles que cœurs de bœuf, astroïtes, et plusieurs pierres arborisées.

www.ingramcontent.com/pod-product-compliance
Ingram Content Group UK Ltd.
Pitfield, Milton Keynes, MK11 3LW, UK
UKHW021505260726
13993UKWH00004B/1560